Zu diesem Buch

«Martin Walser stellt dar, wie man mit Worten knurren, bellen, peitschen und schlagen kann. Dies ist kein lustiges Buch, nicht einmal ein spaßiges; es handelt sich im Grunde um eine deprimierende Materialsammlung, aufgebaut und weiterentwickelt aus den Wortfeldern, die sich um Begriffe wie: Aggression, Rivalität, Verteidigung gesammelt haben. Es will den sprachbildenden Anteil von Brutalität und Unterwerfung, von Feindschaft und sanftem Terror demonstrieren, der in unser Sprachgut eingegangen ist, und zwar gerade in seinen abgeschliffensten, unkenntlichsten Formen» («Süddeutsche Zeitung»).

«Diese sieben ‹Szenen› enthalten vorwiegend Sätze, die bereits als solche dem Vorrat der deutschen Umgangssprache angehören und daher vom Sprechenden nicht eigens gebildet, sondern gleichsam nur zitiert zu werden brauchen. Es sind Sätze, an denen sich ablesen läßt, wie die Menschen miteinander umspringen» («Der Spiegel»).

Martin Walser, geboren am 24. März 1927, promovierte mit einer Arbeit über Kafka. Liebes- und Eheprobleme sind die Grundmotive seines Roman-Erstlings «Ehen in Philippsburg» (rororo Nr. 557), mit dem er literarisches Aufsehen erregte. Verwoben mit einer stärker hervortretenden Kritik an der deutschen Gesellschaft der fünfziger Jahre sind sie auch Thema des nachfolgenden Romans «Halbzeit». Der Anschlußroman «Das Einhorn» ist der Versuch eines Sachromans über die Liebe. Auch als Bühnenautor trat Walser hervor: «Der Abstecher», «Eiche und Angora», «Überlebensgroß Herr Krott», «Der schwarze Schwan», «Die Zimmerschlacht» und «Das Sauspiel». Außerdem veröffentlichte er unter anderem Erzählungen, Essays, die Romane «Der Sturz», «Die Gallistel'sche Krankheit», «Seelenarbeit» und «Das Schwanenhaus», die Novelle «Ein fliehendes Pferd» und «Der Grund zur Freude. 99 Sprüche zur Erbauung des Bewußtseins» (rororo Nr. 4489). Martin Walser wohnt in Nußdorf bei Überlingen.

Martin Walser
Aus dem Wortschatz unserer Kämpfe

Szenen

rororo

Rowohlt

Veröffentlicht im Rowohlt Taschenbuch Verlag GmbH,
Reinbek bei Hamburg, August 1981

Umschlagentwurf Sabine Wilharm
Satz Garamond (Linotron 404)
Gesamtherstellung Clausen & Bosse, Leck
Printed in Germany
480-ISBN 3 499 14791 2

1

Kampf mit einem Überlegenen, der nichts hört

Gehen Sie weg.

Lassen Sie mich los.

Hören Sie nicht gut.

Sie brauchen gar nicht so zu schauen. Sie werden schon sehen, was passiert.

Machen Sie, daß Sie weiterkommen. Los, ab mit Ihnen. Sie haben hier nichts verloren.

Von mir aus können Sie sich auf den Kopf stellen. Nun gehen Sie schon. Ich kann doch nichts dafür. Ich bitte Sie, wenn jetzt jemand kommt.

Daß Sie sich nicht genieren. Was es doch für Menschen gibt. Das hätte ich nicht von Ihnen gedacht. Aber jetzt reicht es mir bald. Das ist doch einfach unglaublich. Am hellichten Tag. Ich sage es Ihnen jetzt zum letzten Mal. Ich bin eine Seele von einem Menschen, mit mir ist nicht gut Kirschen essen. Herrgott, nun nehmen Sie doch Vernunft an.

Haben Sie denn überhaupt kein Herz.

Sie machen sich ja lächerlich.

Ich bin gespannt, wie lange Sie das durchhalten.

Glauben Sie ja nicht, Sie könnten mit mir umspringen, gerade wie es Ihnen paßt. Da könnte ja jeder kommen. Da sind Sie bei mir an die falsche Adresse geraten.

Ich bitte Sie. Was habe ich Ihnen getan. Es gibt doch hundert andere. Warum gerade mich. Ich habe doch nichts verbrochen. Jeder ist seines Glückes Schmied. Aber gar alles kann man sich auch nicht gefallen lassen.

Man versteht ja sein eigenes Wort nicht mehr.

Ich muß schon sehr bitten. Es gibt eine Grenze.

Sie werden mich noch kennenlernen.

Sie sollten sich was schämen.

Bei Ihnen ist wirklich Hopfen und Malz verloren. Seien Sie doch nicht so grausam. Wissen Sie denn überhaupt, wen Sie vor sich haben. Ich würde mir meine Leute wenigstens anschauen vorher. Ich bin doch auch nur ein Mensch. Mein Gott, sind Sie gemein.

Mir blutet das Herz.

Ein reizender Abend. Das Lichtermeer. Das Rauschen der Bäume. Mein Blut pocht in den Schläfen. Mir zittern die Knie. Meine Stimme flattert. Ich schwitze. Vergeblich versuche ich, meiner Stimme einen festen Klang zu geben. Ihre Augen bekommen einen stählernen Glanz. Ihre Mundwinkel straffen sich. Ihre Bewegungen werden geschmeidig wie bei einer Raubkatze. Ihre Zähne sind fest aufeinandergebissen. Ihre Gelenke knacken. Sie lassen die Luft hörbar durch die Lippen streifen. Ihr Kinn hebt sich. Ihre Hände haben sich zu Fäusten geballt und färben sich an den Knöcheln weiß. Sie lassen die Gerte an mir vorbeizischen: Sie durchbohren mich mit Ihrem Blick. Ich bin schon ganz erschlagen. Was verlangen Sie eigentlich von mir. Wissen Sie überhaupt, was Sie zu tun im Begriffe sind. Haben Sie sich überlegt, was alles passieren kann. Sie machen es sich sehr leicht. So schön möchte ich es auch einmal haben. Ich passe Ihnen in den Kram. Mit mir haben Sie gewonnenes Spiel. Ich bin ein gefundenes Fressen für Sie.

An mir werden Sie sich Ihre Zähne ausbeißen. Sie werden es noch bereuen. Sie kommen mir sehr bekannt vor. Mit Ihresgleichen wird man schon fertig werden. Das werden Sie bitter büßen.

Menschenskind, Ihnen ist wirklich nicht mehr zu helfen. Sie sollen mich mal von der anderen Seite kennenlernen. Und nicht zu knapp. Ihnen werde ich mal zeigen, was ne Harke ist. Sie haben bei mir verschissen bis in die Steinzeit. Daß das klar ist. Sie mach ich ja so zur Sau, Sie werden sich wundern. Ihnen wird Sehen und Hören vergehen, das versprech ich Ihnen. Sie werden alle Engel singen hören, da können Sie Gift drauf nehmen. Ihnen wird der Arsch auf Grundeis gehen, das dürfen Sie mir glauben. Sie pfeifen aus dem letzten Loch. Mit Ihnen werde ich Schlitten fahren, Mann, mit Ihnen mach ich kurzen Prozeß, Sie mach ich fertig bis auf die Knochen, kurz und klein schlag ich Sie, dann werden Sie schon sehen. Das haben Sie sich selber zuzuschreiben. Was zu weit geht, geht zu weit. Was nicht geht, das geht nicht. Da können Sie machen, was Sie wollen. Mit mir nicht. Nicht mit mir. Das kann ich Ihnen sagen. Das können Sie sich gesagt sein lassen. Ein für alle Mal. Wo kämen wir denn da hin.

Bei Ihnen weiß man überhaupt nicht, wie man dran ist. Sie sind mir völlig schleierhaft. Ich kenn mich nicht aus mit Ihnen. Man weiß überhaupt nicht, wie man es anfangen soll bei Ihnen. Sowas ist mir noch nicht vorgekommen. Sie sind wie vernagelt. Sie haben überhaupt kein Einsehen.

Sie sind mir so einer.

Sie meinen es gar nicht so.

Wahrscheinlich haben Sie Komplexe.

Sie können einem wirklich leid tun.

Ich kann Sie sehr gut verstehen. Glauben Sie, mir macht es Spaß. Ich begreife das doch selber nicht. Aber es ist nun einmal so. Es ist nicht alles Gold, was glänzt. Ich kann doch auch nichts dafür. Zum Glück, sind Sie kein Unmensch. Sie verlieren nicht so schnell den Kopf. Jetzt fangen Sie nicht schon wieder an. Nehmen Sie sich doch ein klein wenig zusammen. Das tut nämlich ganz schön weh. Ich bin ja auch nicht mehr der Jüngste.

Bitte, übereilen Sie nichts.

Sie haben es auf mich abgesehen.

Das ist eine schöne Bescherung.

Ihr Gesichtsausdruck verrät nichts Gutes.

Mir wird angst und bange. Bange machen gilt nicht.

So können Sie auf keinen Fall weitermachen.

Lassen Sie mich, bitte, los.

Ich weiß mir bald nicht mehr zu helfen.

Sagen Sie bloß nicht, Sie hätten das nicht gewußt.

Ich finde das überhaupt nicht komisch.

Ich muß doch sehr bitten.

Ich protestiere. Ich lasse mir das nicht länger gefallen. Ich weiß nicht mehr ein noch aus. Ich möchte bloß wissen, was es da zu lachen gibt.

Sie haben mir gerade noch gefehlt. Ich hatte ohnehin nichts zu lachen. Ich bin ja auch nur ein Mensch. Ich habe längst die Nase voll.

Bei mir rennen Sie offene Türen ein. Mir hängt das doch längst hier raus. Sie hören überhaupt nicht zu. Sie wissen einfach alles besser. Mir können Sie nichts erzählen. Diese Sorte kenn ich. Ich bin doch nicht von gestern. Bilden Sie sich bloß keine Schwachheiten ein. Eines Tages werden Sie mir recht geben. Alles, was recht ist. Das wäre doch gelacht. Sie sind doch gar nicht so. Menschenskind, wir könnten doch auskommen miteinander. Es geht ja nicht bloß um mich dabei. Ich denke an Sie. Sie haben noch was vor sich. Aus Ihnen kann noch was werden. Bei Ihnen ist noch alles drin. Nun lassen Sie schon ab von mir. Sie versäumen noch Ihren Zug. Es weht ein Wind. Das Gekräusel der Wellen. Das Geraschel der Wäsche. Spitzenberufe. Ihnen kann man wirklich gratulieren.

Ihre Züge verfinstern sich. Ihre Brust hebt und senkt sich. Ich möchte bloß wissen, was Sie sich davon versprechen. Warum lassen Sie mich nicht los. Warum lockern Sie nicht wenigstens Ihren Griff. Warum schnüren Sie mir den Atem ab. Warum pressen Sie mir das Gesicht in den Dreck. Warum spukken Sie mir jetzt schon wieder ins Gesicht. Was soll'n das, Mensch. An mir kann Ihnen doch wahrlich nicht gelegen sein. Mensch, Sie haben doch ganz andere Möglichkeiten. Das Schiff tanzt auf den Wellen. Die Vögel singen. Es flimmert die Luft. Das Leben ist lebenswert. Ein Kerl wie Sie. Ich glaube, Sie sind auf dem besten Wege. Ihren Namen wird man sich merken müssen. Sie haben es in sich. Sie werden es weit bringen. Ihnen ist nichts zu viel. Wo Sie hinhauen, da wächst kein Gras mehr. Sie möchte man nicht zum Gegner haben. Mit Ihnen ist nicht gut Kirschen essen. Mit Ihnen könnte man Pferde stehlen. Und neu geschaffen wär die Erde. Sie sind ein Könner. Sie sind praktisch nicht zu schlagen. Ihnen geht man besser aus dem Weg. Sie machen nicht viel Federlesens. Sie haben das gewisse Etwas. Sie gehen über Leichen. Sie enttäuschen einen nicht. Sie kennen keine krummen Touren. Wer wagt, gewinnt. Wie gewonnen, so zerronnen. Erfolg hat auf die Dauer nur der Tüchtige. Sie sind einer von den ganz wenigen.

Ich kann Ihnen nicht das Wasser reichen. Mit sowas wie mir geben Sie sich überhaupt nicht ab. Ich bin Luft für Sie. Von sowas nehmen Sie noch nicht einmal Notiz. Da hätten Sie viel zu tun.

Mir wird schwarz vor den Augen. Ich sehe jetzt, mit wem ich es zu tun habe. Ich gebe mich keinen Illusionen mehr hin. Das tut ganz schön weh. Ich hätte nicht gedacht, daß sowas möglich ist. Trampeln Sie ruhig herum auf mir. Ich habe Schmerzen wie ein Pferd. Ich habe das Gefühl, Sie haben mir sämtliche Knochen gebrochen. Ich brülle vor Schmerz. Sie ziehen mir die Haut bei lebendigem Leib ab. Auf meinem Gesicht breitet sich Hoffnungslosigkeit aus. Ich sehe meinem Ende entgegen. Ich bäume mich noch einmal auf. Die Erde ist ein Jammertal. Mein Atem geht stoßhaft. Gelobt sei der Name des Herrn. Bei Philippi sehen wir uns wieder. Sie werden nichts zu lachen haben. Die Sonne bringt es an den Tag.

2

Kampf mit einem Unterlegenen, der nichts hört

Komm, Mensch, geh weg.

Hörst du schlecht. Ich glaube wirklich, du bist taub. Idiot. Siehst du, jetzt blutest du, ich hab dir's ja gleich gesagt, geh weg. Aber du wolltest ja nicht hören. Sowas Dummes. Du kriegst gleich nochmal eine, wenn du jetzt nicht abhaust. Wo kommen wir denn da hin. Läuft mir einfach übern Weg.

Ich sag dir jetzt zum letzten Mal, du sollst dich verziehen.

Los, verduften, hab ich gesagt.

Hat man denn sowas schon gesehen. Du hast sie wohl nicht alle, was. Sowas von schwerhörig ist mir noch nicht vorgekommen. Du glaubst wohl, mit mir kannst du das machen. Da hast du dich aber ganz schön getäuscht. Ich habe dich gewarnt. Also, entweder oder.

Bitte, wie du willst. Ich bin auch bloß ein Mensch. Alles hat seine Grenzen. Wer nicht hören will, muß fühlen. Aha, jetzt, siehst du, ich hab's dir doch gleich gesagt, aber du wolltest ja nicht hören. Du mußtest partout deinen Dickkopf durchsetzen. Jetzt hast du's. Mit Vernunft ist bei dir offenbar nichts auszurichten. Du hast es dir selbst zuzuschreiben. Ich kann nicht mehr tun als dich warnen. Wenn du nicht hören willst. Wenn es im Guten nicht geht, bitte.

Jetzt schau sich einer den an. Wie er jetzt tut. Als wäre ihm weiß Gott was für ein Unrecht geschehen. Was bleibt mir denn anderes übrig, Mensch. Du willst es doch gar nicht anders. Dir kann man doch sagen, was man will. Da predigt man tauben Ohren. Jetzt haben wir den Salat.

Hab ich dir das nicht gleich gesagt. Ich wußte, daß es so kommen würde. Das mußte ja so kommen. Das kommt davon. Du zwingst mich ja dazu. Glaubst du vielleicht, mir macht das Spaß. Jetzt kann ich dir auch nicht mehr helfen. Sowas von eigensinnig. Sowas ist mir noch nicht gleich begegnet. Jetzt will er's natürlich nicht gewesen sein. Ich habe ihm gesagt, alles hat seine Grenzen. Ich habe ihn auf die Folgen hingewiesen. Aber er wollte ja nicht hören. Er wußte es ja besser. Er mußte partout seinen Dickkopf durchsetzen. Jetzt hat er's. Mit Vernunft ist bei dem offenbar nichts auszurichten. Ich konnte nicht mehr tun als ihn warnen. Wenn er nicht hören will. Jetzt sehen Sie sich ihn an. So sieht er jetzt aus. Wie ein Häufchen Elend. Das hat er jetzt davon. Da predigt man tauben Ohren.

3

Rückblickend kann man sagen oder Gründung einer Reitschule

Jeder der beiden Herren kann mit seiner Freundin soupieren oder sich amüsieren; wie in verschiedenen Räumen. Die Herren verlassen manchmal die Freundinnen und kommen zum Dialog zusammen. Kehren dann wieder zu ihren Freundinnen zurück. Die beiden Herren können sich aber auch ohne Freundinnen unterhalten.

(Die Zitate stammen aus einem Vortrag von Hans Heigert.)

1. HERR: Also angenehm ist das nicht.
2. HERR: Ganz im Gegenteil.
1. HERR: Aber was willst du machen.
2. HERR: Manchmal muß man eben.
1. HERR: Es gibt Augenblicke der Schwäche.
2. HERR: Man ist einfach zu weich.
1. HERR: Nicht hart genug.
2. HERR: Und damit rechnet so einer natürlich.
1. HERR: Und wehe wenn du nachgibst.
2. HERR: Du wärst erledigt. Dann macht er nämlich mit dir, was er will.
1. HERR: Was ER will, mußt du sagen.
2. HERR: Hauptsache, wir haben es hinter uns.
1. HERR: Hinter uns gebracht.
2. HERR: Wir müssen den Blick in die Zukunft richten.
1. HERR: Ich bin froh, daß wir das hinter uns ge-

bracht haben. ich glaube, wir können es so formulieren: Das haben wir erledigt.

2. HERR: Daß er sich so wehrt, hatte ich nicht erwartet.

1. HERR: Als geschähe ihm weiß Gott was für ein Unrecht.

2. HERR: Zuletzt kriegte er noch sowas in die Augen. So einen Zug.

1. HERR: Und um den Mund.

2. HERR: Das hast du auch bemerkt.

1. HERR: Glaubst du vielleicht, ich hätte keine Augen im Kopf.

2. HERR: Du bist doch sensibler als ich dachte. Wenn ich ganz ehrlich sein soll, mir ging das Ganze ziemlich an die Nieren.

1. HERR: Das ist es doch. Einerseits muß getan werden, was getan werden muß. Andererseits, geht es dir an die Nieren.

2. HERR: Bloß gut, daß er sich das selbst zuzuschreiben hat.

1. HERR: «Demokratie ist in Wahrheit Spielregel für den Konflikt.»

2. HERR: «Sie stirbt binnen kurzem, wenn die Spielregeln alle Augenblicke umgeworfen werden.»

1. HERR: «Spielregeln sind nicht unantastbar.»

2. HERR: «Sie bedürfen der hellsten Aufmerksamkeit und der ständigen, wie wohl behutsamen Verbesserung.»

1. HERR: «Doch bleiben sie im Prinzip, nicht im Detail, tabu.»

2. HERR: Aber zuletzt, als er diesen Zug um die Augen kriegte.

1. HERR: Und um den Mund.

2. HERR: Aber mehr um die Augen.

1. HERR: Das stimmt nicht. Der Mund, weißt du, die Lippen, das hast du vielleicht nicht so bemerkt...

2. HERR: Die waren so gepreßt.

1. HERR: Das war viel früher. Das war ja fast noch am Anfang. Da hat er offenbar noch gar nicht ganz begriffen, um was es eigentlich geht...

2. HERR: Oder tat so...

1. HERR: Nein, nein, da war ihm der Ernst der Lage offenbar noch gar nicht aufgegangen. Da hatte er noch diesen gepreßten Mund. Sowas Verbissenes. Fast was Böses. Werbinich Waskannich, so einen Mund hatte er da. Aber später, als es ihm klargeworden war, daß er so nicht mit uns umspringen kann, als er einsah, daß wir diesmal entschlossen waren, du warst schon aufgestanden...

2. HERR: Aber ich habe mich dann ja gleich wieder hingesetzt.

1. HERR: Ja, ja, aber du warst aufgestanden, ein bißchen plötzlich, er erschrak...

2. HERR: Ja, darauf setzte ich mich wieder, weil ich auch erschrak, als er so erschrak.

1. HERR: Diesen Moment meine ich.

2. HERR: Als du aufsprangst.

1. HERR: Ich dachte, um Gottes Willen, du wirst doch nicht aufgeben.

2. HERR: Ich war dir dankbar.

1. HERR: Er drehte den Kopf in einem Ruck zu mir. Das war das Gute, daß wir weit auseinandersaßen, er hatte uns nie zusammen im Blick.

2. HERR: Bis zum Schluß dann.

1. HERR: Na ja, da war es ihm ja auch klar, daß jetzt Schluß ist. Aber in dem Augenblick, in dem ich aufsprang, weil du dich wieder setztest, als er zu mir herschaute, da passierte das, da löste sich sein Mund auf. Verstehst du, die Lippen. Die wurden weich. So als könnten sie wegschwimmen. Bildlich gesprochen, verstehst du.

2. HERR: Du übertreibst. Ich glaube eher, er war ziemlich starr vor Erstaunen in diesem Augenblick.

1. HERR: Davor ja. Aber da nicht mehr. Nicht mehr, als ich aufstand. Das war schon mehr Schreck. Und Einsicht. Er sah ein, daß er ausgespielt hatte. Er erkannte seine Lage. Er muß in diesem Augenblick von einer Art Hoffnungslosigkeit durchdrungen worden sein.

2. HERR: Von einem Gefühl der Aussichtslosigkeit.

1. HERR: «Wer keine Kompromisse kennt, wer nur die absolute Wahrheit akzeptiert, die häufig nur die eigene verengte Wahrheit ist, taugt nicht für die Gemeinschaft, taugt nicht für die Demokratie.»

2. HERR: Du meinst, ihn durchzuckte jäh der Gedanke: Das ist eine Grenzsituation.

1. HERR: Genau. Er sah uns zusammen, da wußte er, er hat verspielt. Dadurch kriegte er etwas Kreatür-

liches. Wenn ich einmal ein zugespitztes Bild, eine fast schon manieristische Metapher dafür gebrauchen darf: auf mich wirkte er wie ein Pferd, das auf dem Bahngleis steht und sieht die Lokomotive andonnern und weiß schon, daß es sich nicht mehr wird rühren können.

2. HERR: Nein, du, das ist einfach zu . . . so kann man das nicht sagen, weil du in das Pferd ja etwas hineinlegst, was nur der Mensch hat: die Fähigkeit, sich selbst als Objekt, als Opfer zu erleben; also eine Distanz zu sich selbst, einen Freiheitsraum, das hat nur der Mensch, der kann deshalb in diesem Augenblick der Vernichtung, in der Grenzsituation kann er noch über sich hinauswachsen. Das kann das Pferd niemals.

1. HERR: Aber er konnte das doch auch nicht. Eben deshalb stimmt mein Bild. Er hatte mehr von einem Pferd als von einem Menschen in diesem Augenblick.

2. HERR: Du, ich bitte dich, ja. Ich finde das schwer erträglich, wie du den jetzt heroisierst.

1. HERR: Aber das tue ich doch gar nicht. Du baust ihn auf. Ich vergleiche ihn mit einem Pferd. Aber du machst aus ihm ein Pferd mit einem menschlichen Bewußtsein.

2. HERR: Wir wollen darüber jetzt nicht mehr streiten. Ich sage Ihnen nur das eine: ich halte es nicht aus, daß Sie ihn überhaupt mit einem Pferd vergleichen. Egal wie Sie's meinen. Ich liebe Pferde. Ich habe Angst. Ehrlich. Wofür halten Sie mich eigent-

lich. Sie denken wohl, ich halte einfach alles aus. Sie können mich praktisch ins Irrenhaus bringen. Wollen Sie das? Wissen Sie, wie lange Hölderlin noch hinvegetierte. Runde 40 Jahre. Wollen Sie das? Sie hätten das nie, nie, niemals sagen dürfen, das mit dem Pferd. Ich bin doch kein Stück Holz. Sie glauben natürlich, ich sei ein Stück Holz. Nur Sie, Sie sind kein Stück Holz. Sie sind sensibel. Sie sind ganz toll. Ihnen macht alles was aus. Aber mir, ich bin überhaupt der letzte Dreck. Ich sage Ihnen jetzt nur eins: Sie nehmen das mit dem Pferd zurück. Und Sie versprechen, daß Sie nie mehr einen solchen Vergleich gebrauchen. Oder wir trennen uns. Was Sie da sagen, ist nämlich eine ganz klare Parteinahme für ihn. Und gegen mich. Ich bin schuld. Ich habe Sie überredet, mit ihm abzurechnen. Und Sie haben mir zuliebe mitgemacht. Aber nachträglich kommt er Ihnen vor wie ein Pferd auf den Schienen, das die Lokomotive herbrausen sieht. Ich hätte Sie schon vorher stoppen sollen, als Sie das mit dem Mund, mit diesen lose gewordenen Lippen sagten, das war schon verdächtig, diese Art Lippen, die von den Zähnen fallen, da war das Pferd schon drin.

1. HERR: Herburger, mein Gott, nun fassen Sie sich doch. Sie sind ja noch schlimmer als ich. Ich habe ja nur versucht, einen Augenblick des Ablaufs festzuhalten ...

2. HERR: Das ist es ja.

1. HERR: Vielleicht war der Vergleich falsch.

2. HERR: Vergleiche hinken. Immer. Das sollte Ihnen bekannt sein.

1. HERR: Das ist mir bekannt.

2. HERR: Trotzdem vergißt man sie nicht mehr. Gerade die, die am meisten hinken, die behält man.

1. HERR: Ach nein. Das würde ich nicht sagen. Man glaubt gar nicht, was man alles vergessen kann.

2. HERR: Sie hätten wissen müssen, wie mich das trifft, das mit dem Pferd.

1. HERR: Wir haben, wenn ich mich recht erinnere, noch nie über Pferde geredet.

2. HERR: Meine Schuld ist das nicht.

1. HERR: Ja. Ja. Man kennt sich eben zu wenig.

2. HERR: Aber man lernt sich kennen.

1. HERR: Gerade durch solche Situationen. Ich hätte einfach nicht gedacht, daß Ihnen sowas so an die Nieren geht.

2. HERR: Mir geht nicht SOWAS an die Nieren, sondern das mit dem Pferd. Ich weiß schließlich, daß das, was wir taten, notwendig war. Ich weiß, daß diese Konsequenzen einmal gezogen werden mußten. Wir haben lange genug gezögert. Wir haben uns ja allmählich lächerlich gemacht mit unserer Nachgiebigkeit. Und weil wir uns alles gefallen ließen, wurde er immer dreister. Unser Zögern nahm er für Schwäche. Die einzige Schuld, die uns trifft: wir haben zu lange zugewartet. Kein Wunder war der so überrascht, als er plötzlich sah: Jetzt wird der Stiel umgedreht.

1. HERR: Ich habe Angst.

2. HERR. Ich auch.

1. HERR: Wenigstens von Ihnen hätte ich was anderes erwartet. Ich dachte, Sie seien härter.

2. HERR: Jetzt werden Sie schon wieder beleidigend.

1. HERR: Ich dachte, Sie halten sowas besser aus.

2. HERR: Ich bin eben nicht so unsensibel wie Sie denken.

1. HERR: Leider.

2. HERR: Ich möchte nie mehr Zug fahren.

1. HERR: Zum Glück besitze ich keine Eisenbahnaktien.

2. HERR: Es gibt überhaupt keine Eisenbahnaktien.

1. HERR: Das ist wirklich ein Glück.

2. HERR: Wissen Sie was, kommt Zeit, kommt Rat.

1. HERR: Oder besser gesagt, es wird schon alles werden.

2. HERR: Man hat schon Pferde vor der Apotheke kotzen sehen.

1. HERR: Jetzt fangen Sie auch noch an. Mensch.

2. HERR: Ich finde, wir sollten es nicht verdrängen. Wir kennen uns jetzt gut genug. Sie wissen jetzt, wie sehr ich an Pferden hänge. Sie wissen aber noch nicht, daß meine ganze Familie an Pferden hängt. Meine Kinder. Ich habe zwei Töchter. Das wissen Sie. Bitte, jetzt tun Sie nicht so, als hätten Sie das auch nicht gewußt. Sie können jetzt nicht alles abstreiten, sonst können Sie gleich sagen, Sie sähen mich heute zum ersten Mal. Meine zwei Töchter sind ganz verrückt auf Pferde. Ich habe mich entschlossen, zwei Pferde anzuschaffen.

1. HERR: Ich mache Ihnen einen Vorschlag, wir

schaffen vier Pferde an. Und stellen sie in einen Stall. Dadurch senken wir die Haltungskosten.

2. HERR: Eine Reitschule. Das wär's. Also meine Familie wäre einfach hin, wenn ich jetzt heimkomme und sage: entschuldigt, es ist heute ein bißchen spät geworden, aber das hat auch seinen Grund, hört und staunt: wir schaffen endlich Pferde an. Und zur Senkung der Kosten wird gleich eine Reitschule gegründet. Vier, sechs, acht ...

1. HERR: Zehn Pferde.

2. HERR: Zehn Pferde. Mensch, du, sag einmal, das ist doch wirklich ergreifend, wie positiv sich alles wendet. Und du würdest da mitmachen?

1. HERR: Aber Hansi, ja! Und sofort.

2. HERR: Auch jetzt noch. Nach allem.

1. HERR: Also, Hansi, ich begreife dich nicht. Jetzt erst recht. Wir können nicht auf halbem Weg stehen bleiben.

2. HERR: Zehn Pferde. Aber macht deine Familie da mit?

1. HERR: Ich will dich nicht beleidigen, Hansi, aber Pferde, was Pferde angeht, abgöttisch verehren sie alles, was Pferd heißt, ich glaube in punkto Pferdeliebe können wir's einfach mit jedem aufnehmen.

2. HERR: Mensch, das trifft sich ja ganz phantastisch.

1. HERR: Wir haben wirklich Glück gehabt.

2. HERR: Komisch, was das Schicksal manchmal für Umwege macht.

1. HERR: Ich freue mich, Hansi.

2. HERR: Hansi, ich auch.

4

Zeugen der Anklage

... die Wahrheit und nichts als die Wahrheit, so wahr mir Gott helfe.

MÄDCHEN: Ich schwöre.
Ich habe ja auf ihn gewartet vor dem Kongo. Er ist rein und kam mit dem Angeklagten wieder heraus.
Zehn Minuten vielleicht.
Ich war noch am Überlegen. Vielleicht will er nicht mehr, dachte ich.
Einem Fünfzig-Mark-Kunden lauf ich doch nicht hinterher.
Auch nicht nachts um zwei.
Zwei Flaschen Sekt.
Die hätte ich sowieso beschlagnahmt. Ich bin nicht scharf, daß sie besoffen sind. Dann werden sie bloß pampig. Oder so privat.
Ja, nach cirka zehn Minuten.
Gestoßen. Auf jeden Fall unfreiwillig. Und der Wirt blieb in der Tür stehen.
Nein, der Angeklagte, der ging plötzlich auf meinen Freier los und schlug ihm ins Gesicht.
Mein Freier war überrascht. Er sagte, was ist denn jetzt los. Dann schlug der schon wieder. Und dann sackte mein Freier zusammen, ganz grade, also senkrecht, so in die Knie, wie ein Sack, wenn nichts drin ist und Sie wollen ihn hinstellen, einfach so in sich zusammen und blieb folglich auch liegen. Die zwei Flaschen Sekt, die hatte er zuerst

so im Arm, also in beiden Armen, in jedem Arm eine, darum konnte er sich ja auch nicht wehren, er wollte wohl den Sekt nicht gefährden, er schaute zu mir her, machte so ne Kopfbewegung, daß ich jetzt mitkommen soll, aber da kriegte er schon den ersten Schlag. Nein, er hatte die Sektflaschen noch im Arm, als er auf'm Trottoir lag. Aber aufgeschlagen mit dem Kopf ist er nicht, das kann ich nicht sagen, weil er doch so zusammensackte. Der Kopf kam dann allerdings etwas nach unten zu liegen, weil er über das Trottoir hinausreichte, so wie er dann lag... Ja, auf dem Rücken, und der Kopf, der hing so über das Trottoir hinaus oder hinunter, also direkt in die Gosse, wie man sagt, oder in den Rinnstein. Und er blutete auch schon. Na ja, und dann machte der eben weiter. Mit dem Schuh. Ins Gesicht und so. Ich kann ja sowas nicht sehen. Ich schaute weg. Aber ich hörte die Schläge und dann schaute ich wieder hin, wie der Schuh gerade mit der Schuhspitze das Kinn traf und das stand dann ganz nach der Seite, das kehrte nach dem Schlag gar nicht mehr zurück.

Mir tat der arme Kerl irgendwie leid, verstehen Sie. Man sieht ja viel im Nachtberuf, aber man ist doch immer wieder erschüttert.

Wie oft kann ich nicht sagen, aber öfter. Bei sowas zählt man ja nicht mit. Man zuckt ja zusammen bei jedem Schlag, als wenn man ihn selber kriegt.

Ich hatte keine Ahnung. Ich kannte den ja erst 'n paar Minuten. Das konnte ja ne alte Rechnung sein, die die da am Abmachen waren, nicht. Und dann kam zum Glück auch schon die Polizei.

... die Wahrheit, so wahr mir Gott helfe.

1. HERR: Ich schwöre.
Also ich sehe den ganzen Fall so: der Angeklagte schlägt zuerst zu, der Geschlagene sieht sich zweier Flaschen Sektes wegen, die er im Arm trägt, außerstande, die Schläge abzuwehren, bzw. zu vergelten, wozu er umso weniger imstande ist, als schon der zweite oder aber spätestens der dritte Schlag ihn so hart trifft, daß er zu Boden geht. Einfach so hin. Man könnte durchaus sagen: Wie vom Blitz gefällt. O ja, das habe ich sehr wohl bemerkt. Ich stand ja ziemlich nahe dabei. Er bediente sich dazu seines rechten Schuhes. Zuerst schlug er, kickte er, muß man schon sagen, dem Liegenden ins Gesicht. Wie meine Vorrednerin schon richtig sagte, das Kinn kehrte nicht zurück. Das stimmt. Dann aber trat er dem noch auf das Gesicht, ich kann das nur mit einem Vergleich ausdrücken, so, wie wenn man eine Zigarette austritt und auch ganz sicher gehen will, daß sie aus ist, also, um mich ganz deutlich zu machen, wenn Sie, zum Beispiel, im trockenen Wald eine Zigarette wegwerfen, dann werfen Sie die ja auch nicht achtlos weg, falls Sie ein bißchen Verantwortungsgefühl haben, sondern Sie treten den glimmenden Stummel mit steiler Sohle sorgfältig aus, nicht wahr, Sie zermalmen

sie, müßte man, um ganz exakt zu sein, sagen, und das tat er mit dem Gesicht des Liegenden. Ich fand das besonders gemein und in jedem Verstande unfair, weil der Liegende sich ja längst nicht mehr wehren konnte, der röchelte doch nur noch.
Das kann ich nicht sagen. Wenn Sie Zeuge einer solch ungeheuerlichen Brutalität werden, dann schauen Sie nicht auf die Uhr. Mir tat dieser arme Kerl leid. Er schien, seiner Kleidung nach, ein einfacher, arbeitsamer Mensch zu sein, sauberes Hemd, ordentlich. Ich glaube, jeder der Umstehenden ergriff instinktiv für ihn Partei. Also ich sagte, zum Beispiel, mal ziemlich laut Pfui Teufel. Da während des ganzen Vorganges ein vollkommenes Stillschweigen herrschte, müßte das eigentlich ganz allgemein verstanden worden sein. Dann kam zum Glück auch schon die Polizei und machte dem ekelhaften Treiben ein Ende.

... die Wahrheit und nichts als die Wahrheit, so wahr mir Gott helfe.

2. Herr: Ich schwöre.
Ja. Leicht fällt es mir nicht, das bitte ich Sie zu verstehen.
Nein. Wir kamen von Freunden.
Ja. Einfach weil es der kürzeste Weg ist. Die Goethestraße ist ja nicht eine Gegend, in die man sich mutwillig begibt. Besonders nachts, nicht wahr. Wir schauten also sozusagen weder nach links

noch nach rechts, meine Frau klammerte sich geradezu an meinen Arm.

Nein. Wir gingen auf der anderen Straßenseite. Plötzlich bleibt meine Frau stehen und sagt, da, schau.

Ich würde sagen, ein wenig muß man in dieser Gegend ja gefaßt sein auf Unannehmlichkeit. Aber was ich dann sah, übertraf meine schlimmsten Erwartungen. Schau, sagte also meine Frau, ich schaute und sah gerade noch, wie da ein Mann von einem Hagel von Schlägen getroffen wurde, wie dem der Kopf von der Wucht der Schläge nach hinten kippte und wie dann der ganze Mann kippte und kippte und dann zusammenklappte wie eine Gliederpuppe, die von ihrem Spieler weggeworfen wird. Man könnte auch sagen, er schlug hin wie von der Kugel getroffen, der Vergleich würde auch zutreffen. Aber dann, dann begann ja erst das Schlimmste. Dann trat der, der so zugeschlagen hatte, auf sein Opfer zu und trat dem mit dem Schuh ins Gesicht. Mit dem Schuh ins Gesicht. Mund, Nase, Augen, wie es gerade traf. Es war zu scheußlich. Ich glaube, uns allen stockte das Blut in den Adern. Meine Frau sagte nur immer leise vor sich hin: Nein, nein, nein, nein.

Das Opfer bot auch schon bald einen unbeschreiblichen Anblick. Verzeihen Sie, wenn ich um diesen Anblick zu beschreiben, zu einem wahrhaft exzessiven und geradezu rohen Vergleich greifen muß: das Gesicht des Opfers glich einem Stück Fleisch,

ja, man muß es sagen, es kam förmlich einem Steak gleich, einem blutigen, blutenden Steak, kein Gesicht mehr, nichts Menschliches mehr. Und der Täter hörte und hörte und hörte immer noch nicht auf. Zum Glück kam dann auch schon die Polizei. Für das Opfer, wie wir nun wissen, war es leider zu spät. Wir gaben lediglich noch unsere Personalien an, um unserer Zeugenpflicht zu genügen, dann gingen wir stumm unseres Wegs. Es mag Ihnen die Wirkung dieser Szene illustrieren, wenn ich hinzufüge, daß meine Frau und ich trotz Tabletten in dieser Nacht keinen Schlaf mehr fanden. Mehr habe ich nicht zu sagen.
Bitte.

... die Wahrheit und nichts als die Wahrheit, so wahr mir Gott helfe.

DICHTER: Ich schwöre.
Als ich hinkam, stritten die Streitenden schon. Der Schläger schlug. Der Geschlagene wurde geschlagen. Der Stürzende stürzte. Je mehr Blut er verlor, desto größer wurde der Blutverlust. Je heftiger der Schläger schlug, um so heftiger wurde der Geschlagene geschlagen. Weil der Schläger Schuhe hatte, schlug er mit den Schuhen. Er schlug zu. Wir schauten zu. Der Liegende röchelte ab und zu. Wir nickten einander zu. Meine Freundin machte die Augen zu. Ich hielt mir den Mund zu.
Mir blieb das Wort im Hals stecken. Ich würgte an

dem Wort. Dann schluckte ich meinen Zorn hinunter. Mein Zorn lag mir schwer im Magen. Ich wußte nicht ein noch aus. In mir regte sich etwas. Ich war seltsam erregt. Ich erregte mich. Ich war blaß vor Erregung. Ich war leichenblaß. Ich dachte, daß ich jetzt denke, daß die Leiche auch leichenblaß ist. Ich dachte, du denkst. Ich dachte, du denkst auch immer gleich das Schlimmste. Ich dachte, denk an was anderes. Als ich an was anderes dachte, dachte ich, jetzt denkst du an was anderes.

Dann dachte ich, an was denkst du jetzt. Dann dachte ich, du denkst an Kino. Im Kino, denkst du, machen sie das besser. Du denkst, dachte ich, was die da machen, ist Kitsch. Linker Kitsch ist das, dachte ich, denkst du. Dann dachte ich, das ist undenkbar. Dann dachte ich, ich denke, also bin ich. Dann dachte ich, denkste. Dann dachte ich, Sire, geben Sie Gedankenfreiheit.

Dann dachte ich, das ist ein Gedankengebäude. Dann dachte ich, gedacht, getan. Dann dachte ich, du denkst immer nur an dich. Dann dachte ich, ich kann auch nicht immer an alles denken. Dann kam zum Glück auch schon die Polizei. Bitte.

5

Eine Frau auf einem Sockel

Schön hier oben. Doch. Wirklich. Sehr schön. Man kommt sich vor wie. Man steht irgendwie über den Dingen. Man fühlt sich so ganz. Es ist für mich noch etwas ungewohnt. Ich muß mich erst noch. Aber das spüre ich schon. Es ist wirklich mal. Man sieht plötzlich alles wie von einer höheren Warte aus. Endlich. Man atmet wieder. Man atmet wieder lieber. Wahrscheinlich die Luft. Der Druck ist weg. Die Plackerei. Der Clinch. Es war ja nicht immer leicht. Oft glaubte man, das hältst du nicht aus. Und dann hat man's doch ausgehalten. Zum Glück. Es hat sich gelohnt. Schön hier oben. Doch. Wirklich. Sehr schön. Man kommt sich vor wie. Ich muß mich zuerst dran gewöhnen. Das ist ja klar. Komm, ich hab ne Überraschung für dich, sagt er, und dann zieht er das Tuch weg und da steht dieser Sockel. Das war schon ne Überraschung für mich. Also mit einem Sockel hatte ich einfach nicht gerechnet, das gebe ich ganz ehrlich zu. Zuerst hab ich überhaupt nicht begriffen. Aber dann bin ich doch rauf. Mir wurde gleich schwindlig. Das legte sich. Und jetzt fühle ich mich so richtig. Es ist einfach anders. Man steht mehr über den Dingen. Kriegt ein ganz anderes Urteil. Auch der Horizont, also wenn ich jetzt vergleiche mit früher, wirklich, das ist überhaupt kein Vergleich, der Horizont, wie der sich geweitet hat. Man hat jetzt eben ganz andere Vergleichsmöglichkeiten. Ich will gar nicht abstreiten, daß ich auch Fehler gemacht habe. Jeder Mensch macht Fehler. Man hat einfach zu wenig Erfahrung am Anfang. Aber ich habe gelernt. Ich bin nicht stehen geblieben. Ich habe mir Mühe gegeben. Heute kann ich sagen. Also auf jeden Fall, ich. Ich meine, ich habe mich nicht aufgegeben. Ich habe mich schon behauptet. Ich war ja ein Gänschen. So ein richtig rührender Teenager war ich. Aber ich möchte das nicht noch einmal durchmachen. So schön es war. Es war schon ziemlich schlimm. Aber das ist ja nun vorbei, zum Glück. Er muß es auch gespürt haben. Darum bringt er plötzlich diesen Sockel an und sagt: Komm, ich hab 'ne Überraschung für dich. Wenn du nicht willst, sagt er. Ich dachte bloß, so ein Sockel, was soll das jetzt? Wenn du nicht willst, stellen wir ihn in den Garten, nein, nein, sag ich, laß doch mal, ich muß das doch zuerst einmal, ich muß mich doch zuerst damit, komm, hilf mir mal rauf undsoweiter. Ich war ja überhaupt nicht sicher, aber ich wollte ihm doch die Freude nicht verderben, ich sah doch, daß er stolz war auf seinen Einfall, ist ja auch lieb von ihm, da will er mir ne Freude machen, soll natürlich was ganz Besonderes sein, und auf was kommt er, auf einen Sockel. Ja, er ist eben nicht der Erstbeste. Das zeigt sich immer wieder. Einen Sockel. Er kauft seiner Frau einen Sockel. Er will sie erhöhen. Irgendwie muß er das im Sinn gehabt haben. Und da hätte ich sagen sollen, nee, du, auf sowas stell ich mich nicht! Wenn Sie sein Gesicht gesehen hätten, als er mir den Sockel zeigte, also da hätten Sie auch gesagt: nichts wie rauf. Und tatsächlich, jetzt habe ich mich schon ganz gut eingewöhnt. Ich beginne, die Vorteile des neuen Standpunktes zu genießen.

Man hat einfach einen ganz anderen Überblick von hier aus. Man kann sich auch bewegen. So ist es nicht. Zumindest die Arme. Und den Kopf. Vor allem geistig. Die intellektuelle Beweglichkeit, die Phantasie. Ich bin auch fast schon schwindelfrei. Also, wenn ich den Blick langsam hinunterrichte, dann geht es. Bloß wenn ich mal ganz schnell hinunterschaue, dann schwankt gleich alles.

Günther, Günther!

Ein kleines Geländer, und wenns nur bis zu den Knien ginge, das wäre schon eine Hilfe. Wahrscheinlich wollte er das nicht, weil ich mir dann zu sehr eingesperrt vorkäme.

Günther, bist du da? Sag mal, warum hast du eigentlich. Günther? Lissi, bist du es? Lissi, ob du es bist? Machst du Schularbeiten? Lissi, spiel doch mal 'n paar Schallplatten. Wer geht denn da? Hallo?! Ist da jemand? Glaubt ihr vielleicht, ich höre nicht, daß. Komisch, man täuscht sich doch ziemlich leicht, wenn man so.

Manchmal denk ich, ob ich nicht doch ein bißchen zu jung bin für so 'n Sockel. Das sind so Rückfälle. Anfechtungen. Darüber kommt man weg. Man regt sich. Läßt den Blick schweifen. Atmet auf.

Günther?

Einer Stille soll man ja nicht zu lange nachhören. Da wird's nämlich noch stiller. Da könnte es einem auch schwindlig werden davon.

Günther, du weißt doch, ich krieg so leicht trockene Fingerspitzen, würdest du mir etwas Creme bringen, bitte.

Günther.

Es gibt natürlich immer eine Lösung. Das weiß man doch. Günther, könntest du mal. Bist du. Schick mir doch mal. Lissi, bist du. Ihr steckt wohl unter. Ihr erlaubt euch. Hallo. So dürft ihr nicht. Nun laßt. Hallo. Ich kann doch nicht. Hört ihr. Ihr könnt mich doch nicht. Günther. Ich bitte dich. Etwas Creme.

Ich glaube, der größte Vorteil, wenn man hier oben steht. Zum Glück habe ich keine Uhr.

Ich finde ja, wenn man alles so an sich vorbeipassieren läßt, man wird dann. Ich meine, im Laufe der Zeit. Die Zeit ist ja. Die Zeit. Also eine Minute zum Beispiel. Wenn man eine Uhr hat, nicht wahr, dann ist eine Minute ziemlich lang. Wenn Sie keine Uhr haben und auf einem Sockel stehen, dann. Auch die Menschen. Man ruft natürlich, das ist ja klar. Mehr so aus Gewohnheit. Oder daß es nicht so still ist. Günther! Herbert! Julius! Bernd! Albert! Thomas! Rolf! Rolf-Thomas-Albert-Bernd-Julius-Herbert-Günther! Schade! Es ist nämlich schön hier oben. Man kommt sich vor wie. Bist du's Günther?

Na ja, er kann ja noch gar nicht. Das ist das Gute auf so einem Sockel. Man wartet nicht mehr so. Man schaut herum. Erlebt was. Denkt. Schaut nicht immer auf die Uhr. Man ist mehr man selber. Man ist auch jemand. Irgendwie nicht mehr so abhängig. Man unternimmt was. Entwickelt sich. Und das wird sich auswirken. Das zieht ihn natürlich wieder an, das ist klar. Aber so ist es ja nicht gemeint. Man hat selbst etwas davon. Die Weite. Der Horizont. Die Welt ist doch größer als man dachte. Das ist schon ein Erlebnis.

Günther?

Diese trockenen Fingerspitzen. Man denkt auch nicht immer an alles. Vielleicht regnet es bald. Auf den Regen würde ich ungern verzichten.

6

Fragen

Kennen Sie das auch, dieses Gefühl.

Haben Sie sich schon einmal gefragt.

Sind Sie auch manchmal so.

Werden Sie nicht auch oft.

Spüren Sie auch, daß es bald nicht mehr. Ist Ihnen nie der Gedanke gekommen, daß Sie eine längere Fußwanderung durch Niederbayern machen sollten?

Ziehen Sie die Konsequenzen aus Ihrer.

Sind Sie auch so leicht ablenkbar?

Brauchen Sie also auch immer mehr Geld?

Haben Sie auch das Gefühl, Sie ließen sich viel zu viel gefallen?

Wie finden Sie eigentlich Gewerkschaft, ich meine das Wort, wie finden Sie das?

Würden Sie Armut auch lieber mit zwei m schreiben? Oder finden Sie black power ganz einfach prima? Wissen Sie auch oft nicht.

Von welchem Dichter, meinen Sie, könnte die Geschichte sein, in der eines Vormittags alle, die man um zehn Uhr noch im Bett antrifft, zum Tode verurteilt werden?

Oder sind Sie auch gegen die Todesstrafe?

Sicher finden Sie Inhalte allmählich auch immer blöder?

Wann stehen Sie normalerweise auf?

Sicher sind Sie sehr allergisch gegen Metaphern, nicht wahr.

Wissen Sie noch, was das Wort Omnibushaltestelle im Deutschen bedeutet?

Haben Sie etwa selbst Angestellte?

Wenn nicht, wer arbeitet für Sie? Die Zeit?

Sie glauben also, das geht immer so weiter, ja? Dann begreife ich aber nicht, warum Sie unzufrieden sind?

Denken Sie jetzt an Ihre Unterwäsche, an die Auferstehung des Fleisches und das ewige Leben, an ihren Lieblingskonzern oder an die Sprache, die so angenehm ist, wenn sie nur noch von sich selber spricht?

Finden Sie nicht, daß der Tod der Sprache etwas zufügt?

By the way, waren Sie schon mal in Washington?

War Ihr Abgeordneter schon mal?

Genügt es, daß wir die gleiche Seife benützen?

Kennen Sie den Stadtplan von Los Angeles?

Ist Ihnen das meiste egal?

Und wo soll dann der Tischtennisnachwuchs herkommen?

Frieren Sie auch manchmal an den Haarwurzeln?

Als Sie es durch die Finger gleiten ließen, was empfanden Sie dabei?

Auf welchen Ihrer Skrupel sind Sie am stolzesten?

Kennen Sie das auch, dieses Gefühl.

Haben Sie sich schon einmal gefragt.

Sind Sie auch manchmal so.

Werden Sie nicht auch oft.

Spüren Sie nicht auch, daß es bald nicht mehr.

7

Antworten

Ich fühle mich nicht stark genug.

Wenn ich könnte, wie ich wollte. Aber das gehört wohl kaum hierher.

Das darf ich doch keinem sagen. Wenn da einer draufkäme, die würden mich doch sofort.

Da wäre ich doch sofort. Das kann ich mir doch gar nicht leisten. Das kann sich keiner leisten. Oder nur ein paar, die's geschafft haben. Aber wieviele sind das. Jeder andere muß doch, mein Gott, das ist ja nun wirklich bekannt, daß auch in unserer Gesellschaft.

Nein, kriechend. Meistens kriechend.

Am Ufer entlang.

Schauen Sie doch nach, meine Spur ist sicher noch zu sehen.

Mit Hilfe eines Beils.

Stimmt, es war ein Radiergummi. Wie komm ich jetzt bloß auf Beil.

Botticelli.

Das Betriebsverfassungsgesetz.

Ich weiß nicht. Einerseits ja. Andererseits, was soll ich machen, ich allein. Und wie.

Man möchte schon, deshalb habe ich doch teilgenommen, aber als ich mich bücken sollte nach einem Stein, da war's aus bei mir, da habe ich richtig versagt.

Adenauers Grab, zum Beispiel.

Im Kabarett.

Die Wasserverschmutzung.

Oder die SPD. Oder das Bankgeheimnis. Oder das Beichtgeheimnis.

Meine Mutter.

Tot.

Sie hat es mir vorhergesagt.

Nein, ziemlich genau. Sehr genau sogar.

Ich bitte Sie, ich hätte überhaupt nichts dagegen, Chefredakteur einer Herrenzeitschrift zu sein, das wird ja sicher erstklassig honoriert, und man könnte sowas ja auch intelligenter machen, sogar gesellschaftskritisch, denken Sie nur an den New Yorker, warum also nicht, aber ich bin nun einmal kein Chefredakteur. Das läßt sich doch feststellen. Ich bitte Sie.

Durch Hans Magnus Enzensberger.

Auf einem Hochspannungsmast.

Nein, es regnete.

Alle, die ich liebe.

Nichtraucher.

20 bis 30 pro Tag. Je nachdem, mit wievielen Menschen ich sprechen muß. Wenn ich allein bin, rauch ich höchstens zehn.

O doch, das kann ich schon sagen. Genau da, wo das Schmelzwasser unter dem Schnee hervor ... heraustritt und ins Grüne rieselt. Fließt.

Mit dem Kopf.

Nein. Ich wasche mir die Hände, bevor ich aufs Clo gehe.

Im Mai, in einem Dorf, mittags um zwölf, plötzlich läutete es, das Dorf ganz sonnenüber ... ganz in der Sonne, da dachte ich daran, daß ich.

Nein. Freunde.
Abends. Oft auch nachts. Auch telefonisch.
Oft blute ich noch, wenn es hell wird.
(Lacht ein bißchen)
Das gebe ich zu.
Der Kapitalismus.
Diese betäubenden Tautologien, zum Beispiel.
Ein Rohling ist ein Rohling ist ein Rohling.
Tomatenglatt. Klassisch, wenn sie aber ein Rasierwasser kaufen, drücken Sie sich auch anders aus, da sagen Sie nämlich auch: Nein, ich möchte lieber was Herbes.
Ich bin nicht sicher.
Zwanzig Mark pro Stunde.
Von Hand.
Mit Ihnen schlafen.
Am 3. des Monats.
Auf dem Gerüst.
Bei Vollmond.
Ich sah es kommen.
Eine Eins.
Er schlug sie mir aus der Hand, ich hob sie wieder auf, er schlug sie mir wieder aus der Hand, ich hob sie wieder auf, er schlug.
Bitte. Wenn Sie meinen. Ich kann's ja mal probieren. P ... Pappige Hände. Platzende Hoden. Picklige Häute ... Pissende Hunde. Passende Handschuhe. Perfekte Hausschuhe. Paul Heyse. Peter Handke. Prima Hemden. Praktische Herren. Purer Hohn.
Frauen, zum Beispiel.

(Pause)

Und Startblöcke.

Das sagt sich leicht. Aber bitte, wenn Sie meinen, ich mach's mal. So etwa. Ich weiß nicht. Mein Handgelenk. Überhaupt meine Hand. Ich finde, irgendwie fehlt der Druck. Eine Faust, da gehört doch, ich habe das Gefühl, wenn ich eine Faust mache, ich muß sie immer anschauen, und das stimmt irgendwie nicht, glaube ich, wer eine Faust macht, der darf sie nicht andauernd selber, der muß doch, aber wohin soll ich schauen, wenn ich eine Faust mache.

Darf ich sie wieder.

Danke.

Aminosäuren. Polypeptidketten.

Marx und Lenin.

Ja, immer am Mittwoch.

Durch den Hinterausgang.

Natürlich habe ich an die Gemeinde geschrieben, man möge endlich Kunststoffeimer anschaffen, wie es in anderen Städten schon mit Erfolg geschehen ist.

Aber Sie wissen ja, wie das ist, wenn Sie sich engagieren, es kostet Nerven.

Das habe ich auch schon probiert. Aber erstens spannen diese Kugeln so im Gehörgang, daß ich an nichts mehr denken kann als an diese Kugeln. Und wenn ich sie kleiner mache, dann rutschen sie mir womöglich so weit hinein, daß ich sie nie mehr hinausbringe. Vor allem aber habe ich, sobald ich die Dinger drin hatte, nur noch dagesessen und gehorcht, ob ich die Männer und die Eimer noch höre, und natürlich habe ich sie dann gehört, ganz klar. Weil alle schwächeren Umweltgeräusche tatsächlich wegfielen, blieb dieser Lärm als einziger übrig, so als gäbe es nichts anderes. Nein, nein, entweder es werden Kunststoffeimer eingeführt oder.

Weil wir in einer kapitalistischen Gesellschaft leben.

Katholisch.

Der Sozialismus.

Das habe ich doch schon zugegeben.

Ironie? Nee.

Durch Organisation.

Nein, durch Organisation.

Ja, durch Organisation.

das neue buch
rowohlt

Herausgegeben
von Jürgen Manthey

Heinz Ludwig Arnold
Als Schriftsteller leben. Gespräche mit Handke, Kroetz, Zwerenz, Jens, Rühmkorf, Grass [118]

Literaturmagazin 10
Vorbilder [119]

Adolf Endler
Verwirrte klare Botschaften
Gedichte [120]

Malcolm Lowry
[Gesamtwerk in Einzelausgaben]
Hör uns, o Herr, der Du im Himmel wohnst. Erzählungen [121]

Frank-Wolf Matthies
Morgen. Gedichte und Prosa [122]

Matthias Greffrath
Die Zerstörung einer Zukunft
Gespräche mit emigrierten Sozialwissenschaftlern [123]

Maria Erlenberger
Das Erlernen der Totgeburt
Roman [124]

René Regenass
Porträt eines Portiers
Erzählung [125]

Jürgen Fuchs
Tagesnotizen. Gedichte [126]

Wilhelm Genazino
Falsche Jahre. Roman [127]

Kurt Bartsch
Kaderakte
Gedichte und Prosa [128]

Literaturmagazin 11
Schreiben oder Literatur [129]

Rolf Haufs
Größer werdende Entfernung
Gedichte 1962–1979 [130]

Sind oder waren Sie Mitglied?
Verhörprotokolle über unamerikanische Aktivitäten 1947–1956
Hg.: Hartmut Keil [131]

Claudio Lange
Rückkehr ins Exil
und andere Gedichte [133]

Maria Erlenberger
Ich will schuld sein
Gedankensammlung [134]

Literaturmagazin 12
Nietzsche [135]

Leo Kreutzer
Mein Gott Goethe
Essays [136]

Johannes Schenk
Für die Freunde an den Wasserstellen. Gedichte [137]

Mario Vargas Llosa
Die ewige Orgie
Flaubert und ‹Madame Bovary› [138]

Lao She
Das Teehaus
Schauspiel [139]

Hugo Dittberner
Ruhe hinter Gardinen
Gedichte 1971–1980 [140]

Kurt Bartsch
Wadzeck
Roman [141]

Günter Seuren
Abschied von einem Mörder
Erzählung [142]

Jürgen Theobaldy
Schwere Erde, Rauch
Gedichte [143]

Uli Becker
Der letzte Schrei
Gedichte [144]

George Grosz
Ecce Homo [145]

das neue buch
rowohlt

Herausgegeben
von Jürgen Manthey

Literaturmagazin 13
Wie halten wir es mit dem Neuen?
[146]

Adolf Frisé
Plädoyer für Robert Musil
Hinweise und Essays 1931–1980
[147]

Frank-Wolf Matthies
Unbewohnter Raum mit Möbeln
Prosa [148]

Karl Siebig
Ich geh mit dem Jahrhundert
mit. Ernst Busch
Eine Dokumentation [149]

T. J. Clark
Der absolute Bourgeois
Künstler und Politik in
Frankreich 1848–1851
[150]

Jean-Paul Sartre
Die Transzendenz des Ego
Philosophische Essays 1931–1939
[151] Ersch.-Termin unbestimmt

Jürgen Fuchs
Pappkameraden
Gedichte [152]

Friedrich Christian Delius
Ein Held der inneren Sicherheit
Roman [153]

Hugo Dittberner
Die gebratenen Tauben
Erzählungen [154]

Dieter Schlesak
Weiße Gegend – Fühlt die
Gewalt in diesem Traum
Gedichte [155]

Literaturmagazin 14
Rückkehr des Mythos
(Arbeitstitel) [156]

das neue buch rowohlt

Herausgegeben
von Jürgen Manthey

Tom Stoppard
Travesties. Schauspiel [81]

Günter Herburger
Ziele. Gedichte [82]

James Baldwin
Teufelswerk
Betrachtungen zur Rolle der Farbigen im Film [83]

Maria Erlenberger
Der Hunger nach Wahnsinn
Ein Bericht [84]

Wilhelm Genazino
Abschaffel. Roman [85]

Peter Schneider
Atempause
Versuch, meine Gedanken über Literatur und Kunst zu ordnen [86]

Literaturmagazin 7
Nachkriegsliteratur [87]

Elmar Buck, Leo Kreutzer, Jürgen Peters
Die schöne Leiche aus der Rue Bellechasse. Einiges über Schreiben, Spielen, Filmen [88]

Literaturmagazin 8
Die Sprache des Großen Bruders
Gibt es ein ost-westliches Kartell der Unterdrückung? [91]

Gwyn A. Williams
Goya [92]

Georges Bataille
Das obszöne Werk [93]

Rolf Dieter Brinkmann
Rom, Blicke [94]

André Breton
Die Manifeste des Surrealismus [95]

Vicente Aleixandre
Nackt wie der glühende Stein
Ausgewählte Gedichte [96]

Niklas Stiller
Der Tod und das Flugzeug
Prosa/Essays [97]

Leonard Michaels
Trotzkis Garten. Prosa [98]

Jochen Lobe
Augenaudienz. Gedichte [99]

Literaturmagazin 9
Der neue Irrationalismus [100]

Sartre. Ein Film
Von Alexandre Astruc u. Michel Contat. Unt. Mitw. von Simone de Beauvoir, Jacques-Laurent Bost, André Gorz, Jean Pouillon [101]

Pierre Klossowski
Die Gesetze der Gastfreundschaft [102]

Paul Nizan
Aden. Die Wachhunde
Zwei Pamphlete [103]

Wilhelm Genazino
Die Vernichtung der Sorgen
Roman [104]

Hugo Dittberner
Draußen im Dorf. Erzählungen [105

Wolfgang Fietkau
Schwanengesang auf 1848
Ein Rendezvous am Louvre: Baudelaire, Marx, Victor Hugo und Proudhon [106]

Peter Rühmkorf
Strömungslehre I. Poesie [107]

Hans-Jürgen Syberberg
Hitler – ein Film aus Deutschland [108]

Christian Linder
Böll [109]

Horst Ulbricht
Kinderlitzchen. Roman [115]

Sartres Flaubert lesen
Essays zu «Der Idiot der Familie»
Hg.: Traugott König [116]

Paul Léautaud
Literarisches Tagebuch
1893–1956 [117]

Inhalt